Reihe: Meilensteine Deutsch

Thomas Heinrichs (Hrsg.)
Anne Heinrichs, Susanne Heinrichs

Lesestrategien

Heft 1: Wörter und kurze Sätze

* Hier kannst du einen Namen einsetzen.

Ernst Klett Verlag
Stuttgart · Leipzig

- ☐ Name
- ☒ Rose
- ☐ Esel

- ☐ Dose
- ☐ Limo
- ☐ Kamel

- ☐ Tafel
- ☐ Oma
- ☐ Lama

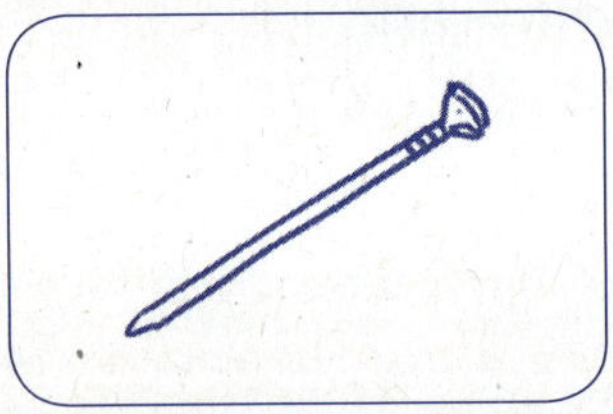

- ☐ Nase
- ☐ Nagel
- ☐ Ofen

- ☐ Dino
- ☐ Rabe
- ☐ Igel

- ☐ Hose
- ☐ Hase
- ☐ Hupe

- [ ] Haus
- [ ] Maus
- [ ] Laus

- [ ] Holz
- [ ] Pilz
- [ ] Herz

- [ ] Sonne
- [ ] Wolle
- [ ] Tasse

- [ ] Ameise
- [ ] Eimer
- [ ] Eis

- [ ] Schere
- [ ] Schaf
- [ ] Schal

☐ der Sport
☒ die Spinne
☐ das Spiel

☐ der Löwe
☐ das Öl
☐ die Möwe

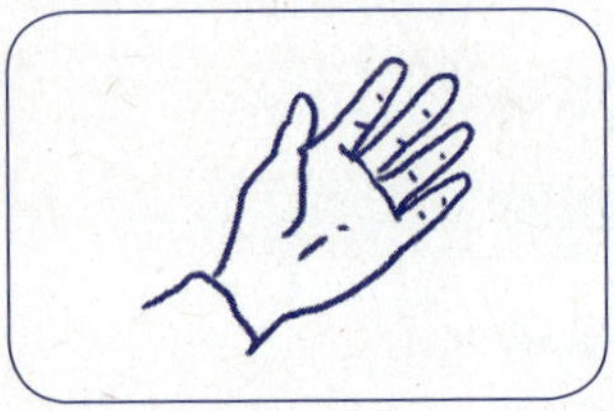

☐ der Hund
☐ der Mund
☐ die Hand

☐ der Stern
☐ der Stein
☐ der Sturm

☐ die Hände
☐ die Bälle
☐ der Bär

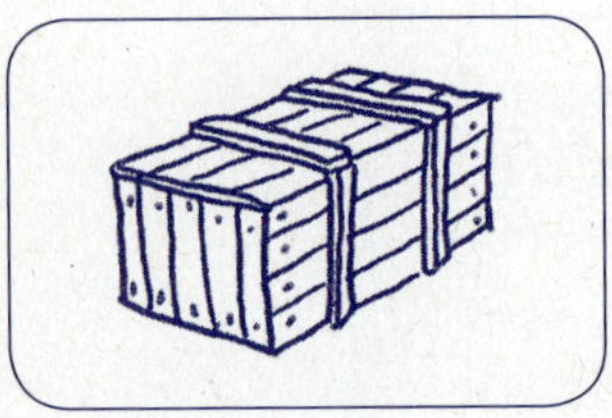

☐ das Fenster
☐ die Kiste
☐ der Hamster

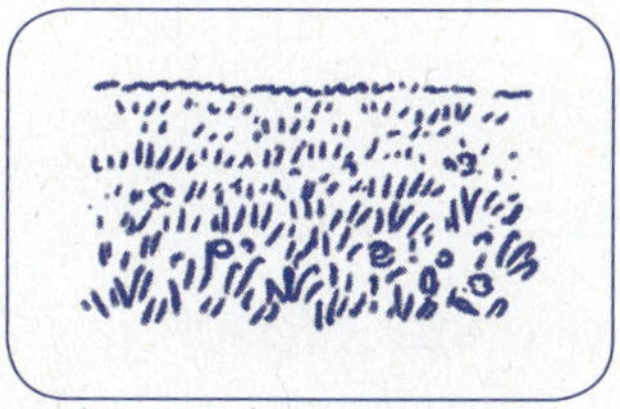

☐ der Riese
☐ die Wiese
☐ die Biene

☐ die Katze
☐ die Tatze
☐ der Schatz

☐ der Knopf
☐ der Topf
☐ der Kopf

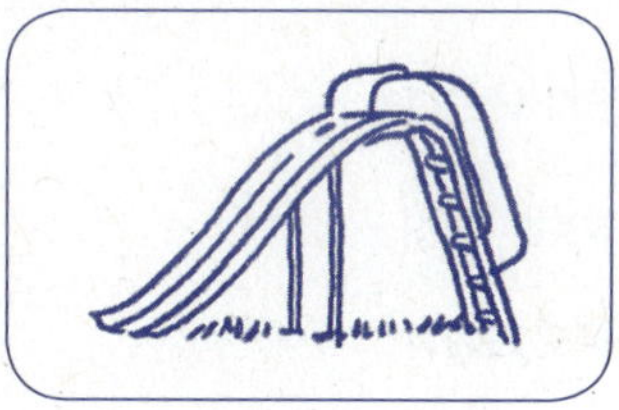

☐ der Lutscher
☐ die Kutsche
☐ die Rutsche

☐ der Bach
☐ das Buch
☐ das Dach

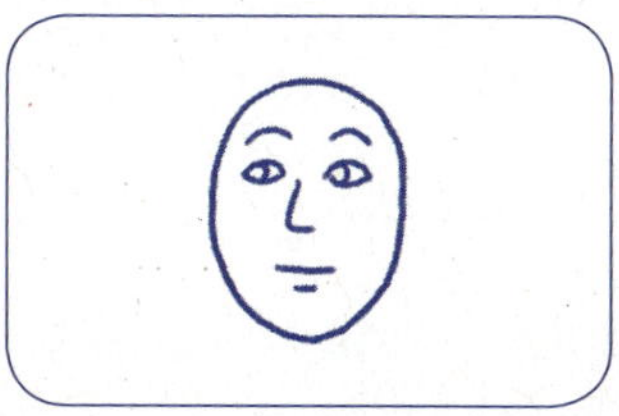

☐ das Licht
☐ das Gedicht
☐ das Gesicht

Kreuze an.

☐ ein malender Frosch
☐ ein lesender Frosch
☒ ein quakender Frosch

☐ ein grünes Pferd
☐ ein schwarzes Pferd
☐ ein gelbes Pferd

☐ ein aufgeschlagenes Buch
☐ ein schwimmendes Buch
☐ ein saures Buch

☐ eine tanzende Katze
☐ eine lesende Katze
☐ eine miauende Katze

☐ ein schwimmender Ritter
☐ ein tapferer Ritter
☐ ein saftiger Ritter

☐ eine schöne Prinzessin
☐ ein schöner Prinz
☐ eine schlafende Prinzessin

☐ eine traurige Rose

☐ eine duftende Rose

☐ eine lachende Rose

☐ ein tropfendes Eis

☐ ein krankes Eis

☐ ein kluges Eis

☐ eine laufende Kette

☐ eine schreibende Kette

☐ eine goldene Kette

☐ eine harte Wolke

☐ eine dunkle Wolke

☐ eine reitende Wolke

☐ ein schnelles Auto

☐ ein schneller Bus

☐ ein weiches Auto

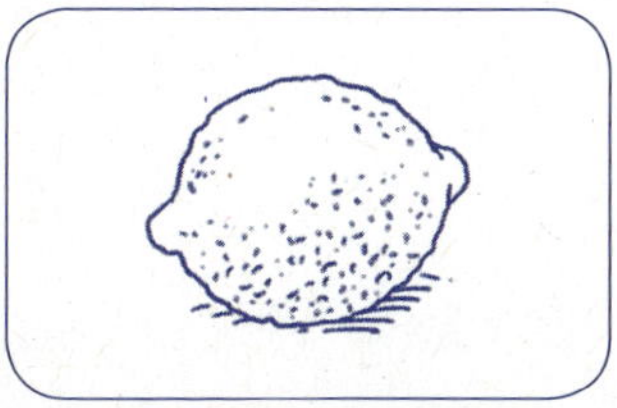

☐ eine springende Zitrone

☐ eine langsame Zitrone

☐ eine saure Zitrone

Male an.

Hund Kind Bank

Auf dem Spielplatz

Anschließend kannst du das Bild gerne ausmalen.

Schaukel	Biene	Kinder
Eis	Igel	Roller
Vogel	Rutsche	Eimer
Ball	Seil	Schaufel
Bär	Blume	Hund
Gras	Sonne	Sand

drei Schafe | vier Enten | eine Bäuerin

Auf dem Bauernhof

zwei Pferde	drei Ziegen	eine Katze
eine Bäuerin	viele Hühner	ein Ferkel
eine braune Kuh	zehn Schweine	ein bellender Hofhund
zwei Hähne	ein Esel	eine Mistgabel
zwei Gießkannen	sieben Sonnenblumen	eine kleine Bank
eine Hundehütte	zwei Fenster	ein Bauer

eine Öl-lampe	ein Schiffs-junge	eine Schatz-truhe

Auf dem Piratenschiff

fünf Papageien	zwei Schiffsratten	drei Rettungsboote
eine Piratenflagge	eine Schatztruhe	zwei Haifischflossen
eine schwarze Augenklappe	zwei Putzeimer	ein langes Fernrohr
ein Steuerrad	eine Kapitänsmütze	eine Schatzkarte
vier Fässer	ein Anker mit Kette	ein braunes Fischernetz

Augentraining und Gehirngymnastik

Wer gehört zu wem? Spure nach.
Tipp: Nimm verschiedene Farben.

Augentraining und Gehirngymnastik

Wie geht es weiter?
Male die fehlenden Zeichen.

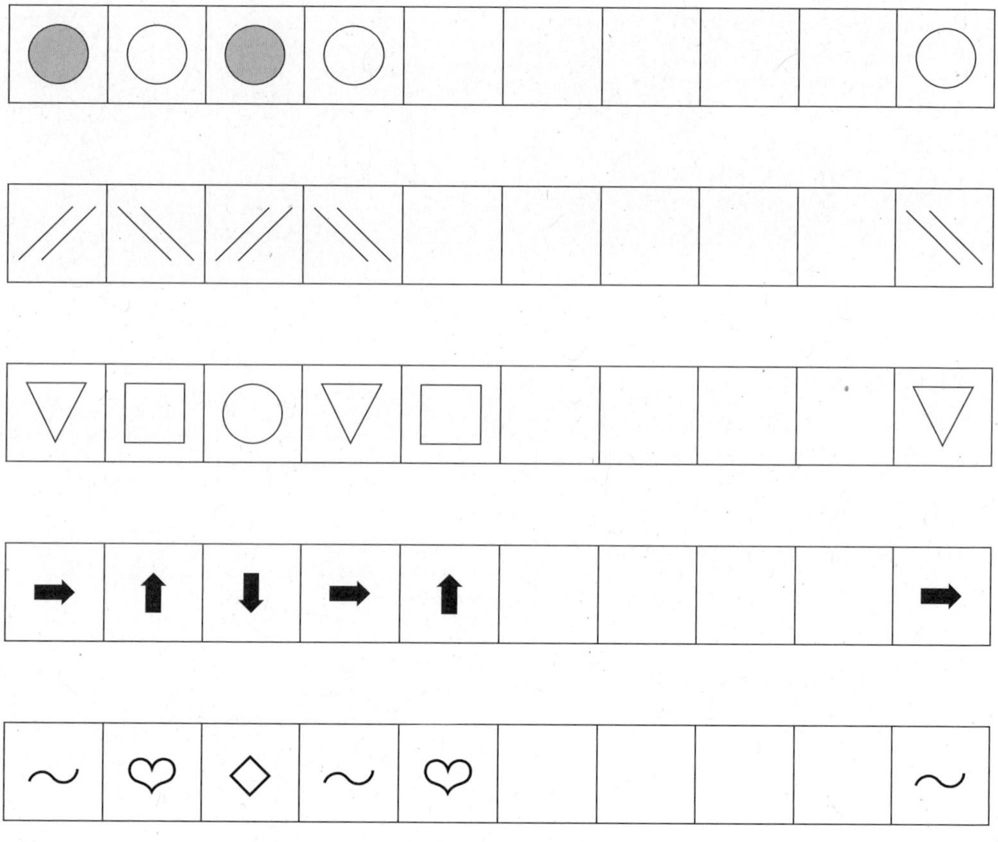

A	O	E	A	O					A

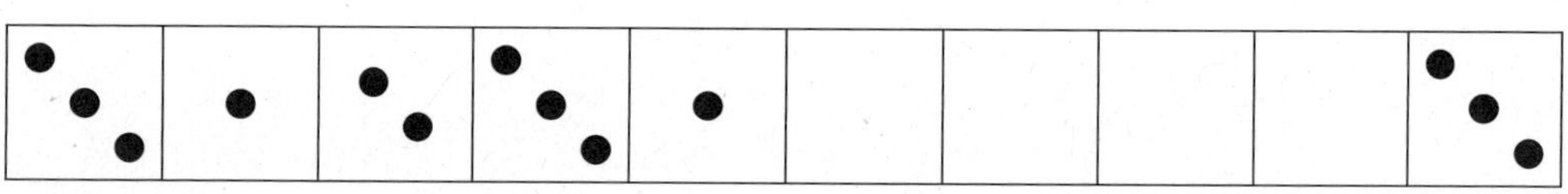

Immer zwei passen. Male an.

Nadel

Hahn

 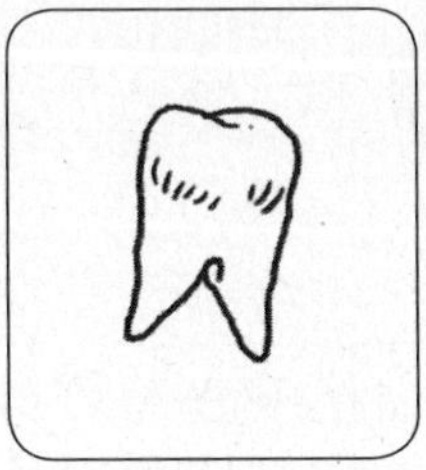 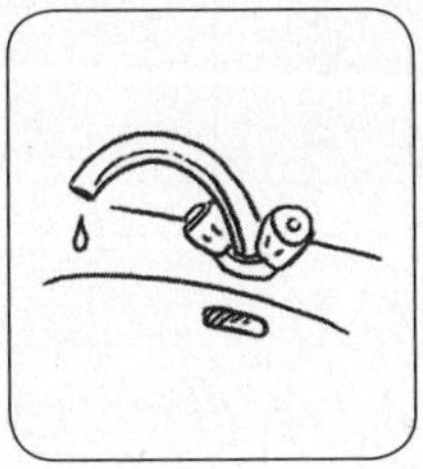

Schloss

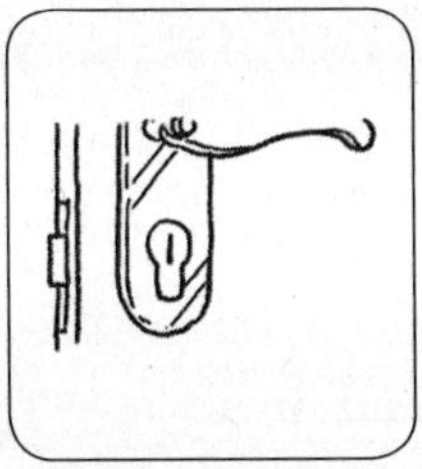  

Löffel

  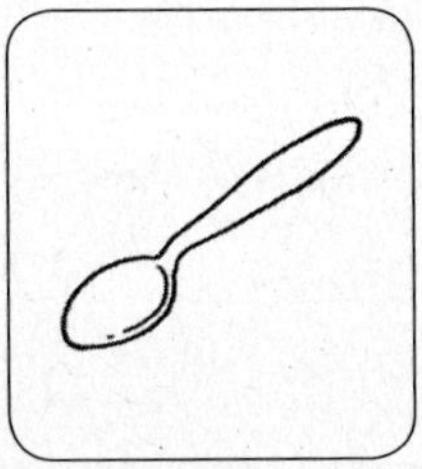

Zebrastreifen

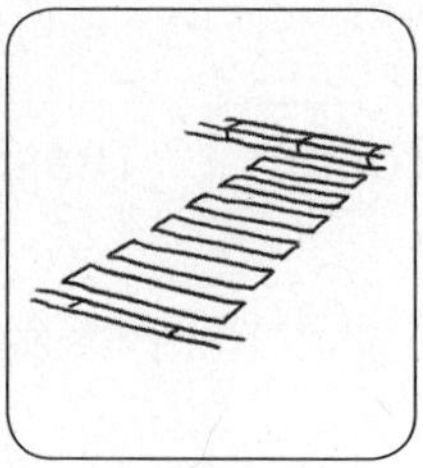

Tor

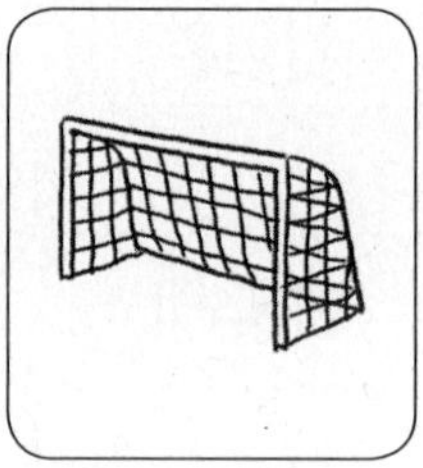
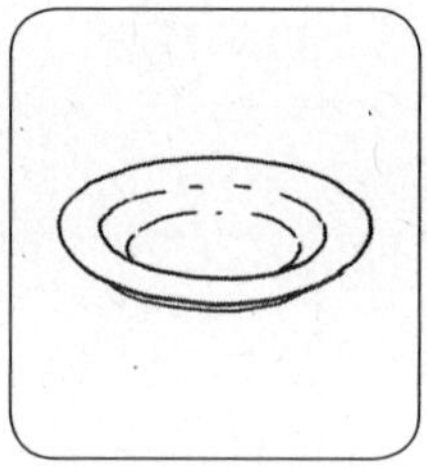
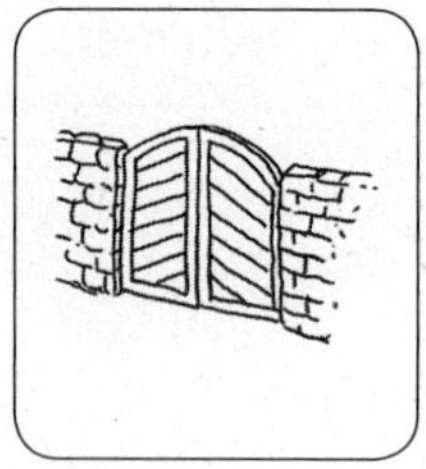

Blatt

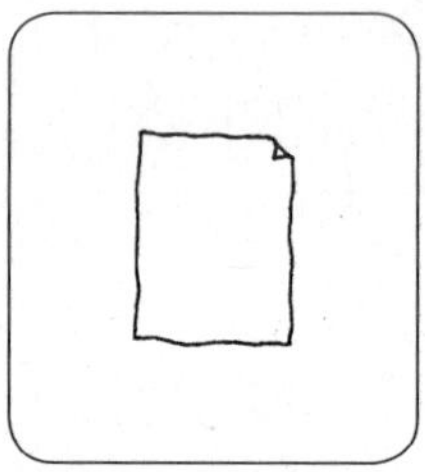

Stock

Was passt nicht? Streiche durch.

Auto	Roller	~~Tasse~~	Fahrrad

Fenster	Kirsche	Pflaume	Kiwi

Winter	Sommer	Haus	Herbst

Spitzer	Lampe	Lineal	Stift

Tomate	Stein	Gurke	Möhre

Kette	Ring	Armband	Telefon

Mund	Nase	Holz	Auge

Flugzeug	Fliege	Biene	Hummel

Gabel	Löffel	Schere	Messer

Oli	Fabian	Peter	Julia

Hose	Bluse	Schirm	Pulli

Vulkan	Sterne	Mond	Sonne

Katze	Giraffe	Hund	Kaninchen

Schnee	Hagel	Tag	Regen

März	Mai	Juni	Sommer

Zweig	Birne	Ast	Stamm

Hai	Biene	Delfin	Wal

Hütte	Stall	Spinne	Käfig

Haus	Maus	Laus	Birne

gelb	rund	blau	grün

singen	gehen	laufen	rennen

Was passt zusammen? Verbinde.

Eisbär ○	○ Gras
Pferd ○	○ Fisch

Kuh ○	○ Mäuse
Holzwurm ○	○ Holz
Hund ○	○ Knochen
Katze ○	○ Gras
Hamster ○	○ Körner
Igel ○	○ Läuse
Marienkäfer ○	○ Insekten

Bäcker ○	○ Tafel
Lehrer ○	○ Wurst
Metzger ○	○ Brot
Kapitän ○	○ Steine
Postbote ○	○ Schiff
Maurer ○	○ Briefe
Bauer ○	○ Tiere
Maler ○	○ Blumen
Gärtner ○	○ Farbe

Was passt zusammen? Verbinde.

ein harter ○	○ Messer
ein scharfes ○	○ Stein

ein hupendes ○	○ Schere
eine spitze ○	○ Blume
eine duftende ○	○ Auto
ein bunter ○	○ Schmetterling
eine saure ○	○ Kissen
ein weiches ○	○ Riese
ein großer ○	○ Zwerg
ein kleiner ○	○ Zitrone

eine dunkle ○	○ Apfel
ein saftiger ○	○ Berg
eine warme ○	○ Regenwolke
ein hoher ○	○ Suppe
eine langsame ○	○ Hund
ein bellender ○	○ Ring
ein sprechender ○	○ Schnecke
eine brennende ○	○ Papagei
ein goldener ○	○ Kerze

Was passt zusammen? Verbinde.

Silke läuft ○ ○ mit dem Roller.

Burak fährt ○ ○ drei Runden.

Tom schießt ○	○ auf dem Fahrrad.
Lisa radelt ○	○ beim Judo.
Udo gewinnt ○	○ ein Tor.
Fatima turnt ○	○ drei Bahnen.
Sandra schwimmt ○	○ im Boot.
Elke hüpft über ○	○ auf der Matte.
Timo rudert ○	○ einen Zaun.

Das Auto ◦	◦ fliegt nach Spanien.
Das Schiff ◦	◦ hat vier Räder.
Das Flugzeug ◦	◦ fährt über das Meer.
Das Motorrad ◦	◦ hat zwei Räder.
Der Zug ◦	◦ hat eine Klingel.
Der Bus ◦	◦ steht im Bahnhof.
Das Fahrrad ◦	◦ fährt unter der Erde.
Die U-Bahn ◦	◦ hält an der Bushaltestelle.

Augentraining und Gehirngymnastik

Finde die 10 Fehler.
Kreise ein.

Augentraining und Gehirngymnastik

Finde dieses
Viereck 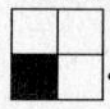. Kreise ein.
Tipp: Es ist sechsmal da.

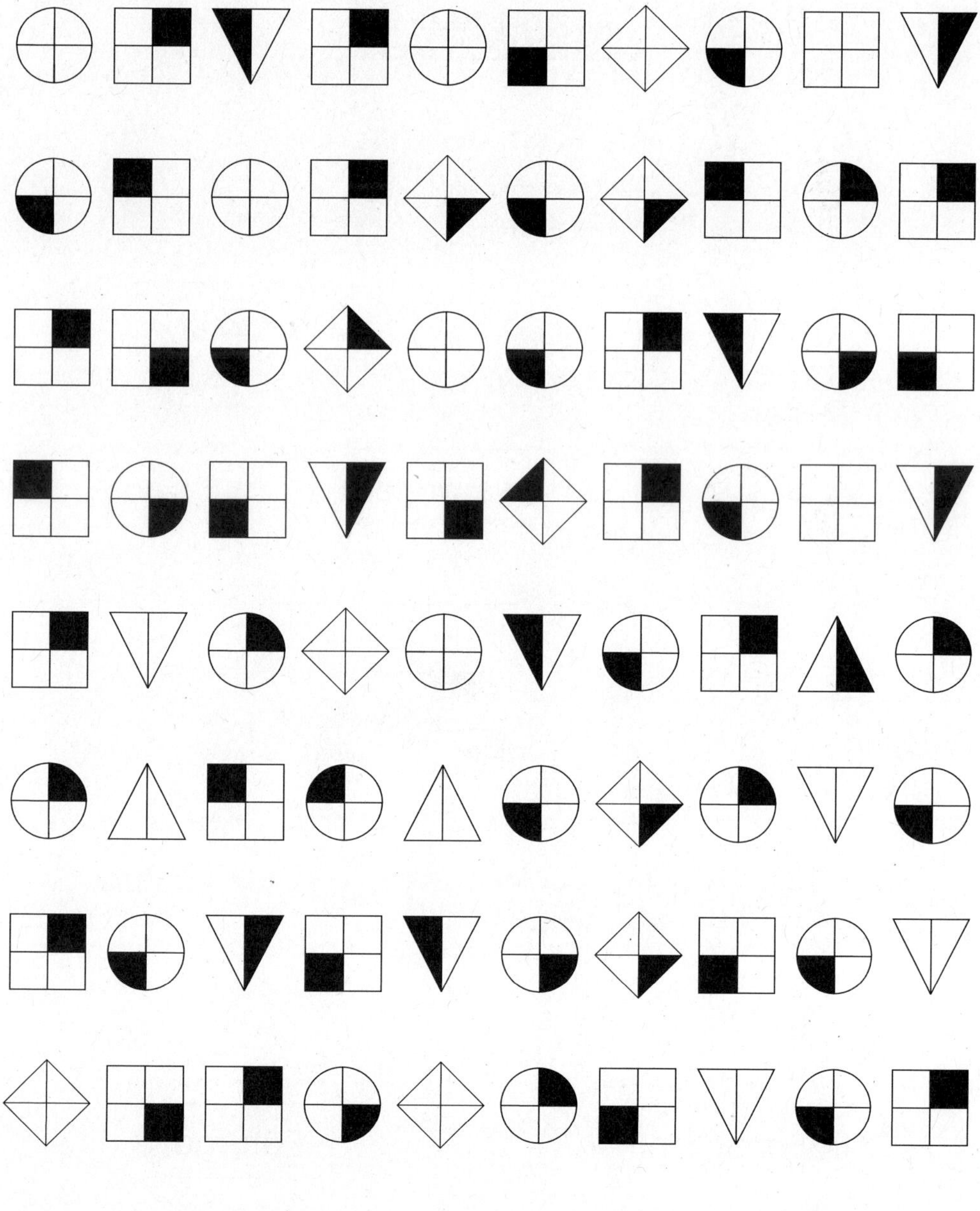

Was passt?
Male an.

Sport

Tennis | Buch | Judo | Fußball | Papier

Fahrzeuge

- Auto
- Zug
- Rose
- Lastwagen
- Roller
- U-Bahn
- Schere
- Stuhl
- Motorrad
- Straßenbahn
- Fahrrad

Spielsachen

Bauklötze

Ball

Teddy

Puzzle

Fenster

Stoffhund

Zahn

Blume

Puppe

Obst

Zitrone

Apfel

Erdbeere

Pflaume

Kiwi

Melone

Bratwurst

Tasse

Löffel

Kirsche

Was passt?
Male an.

Vulkan

Er kann essen und trinken.

Er kann Dörfer überschütten.

Vulkan

Er kann ausbrechen.

Er kann gefährlich sein.

Er kann lachen.

Er kann Steine wegschleudern.

Er kann sprechen.

Er kann gut sehen.

Er kann Feuer, Asche und Lava spucken.

Er kann zerstören.

Er kann malen.

Hunde

Sie fahren Auto.

Sie haben ein Fell.

Sie bestellen Pizza.

Sie fressen aus einem Napf.

Sie trinken Wasser.

Sie tragen gerne Hosen.

Sie halten Winterschlaf.

Sie müssen fressen.

Sie bekommen Welpen.

Sie leben im Weltall.

Sie können Bilder malen.

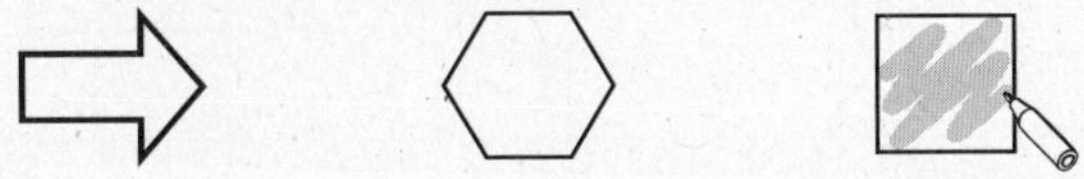

Das Viereck ist grau.

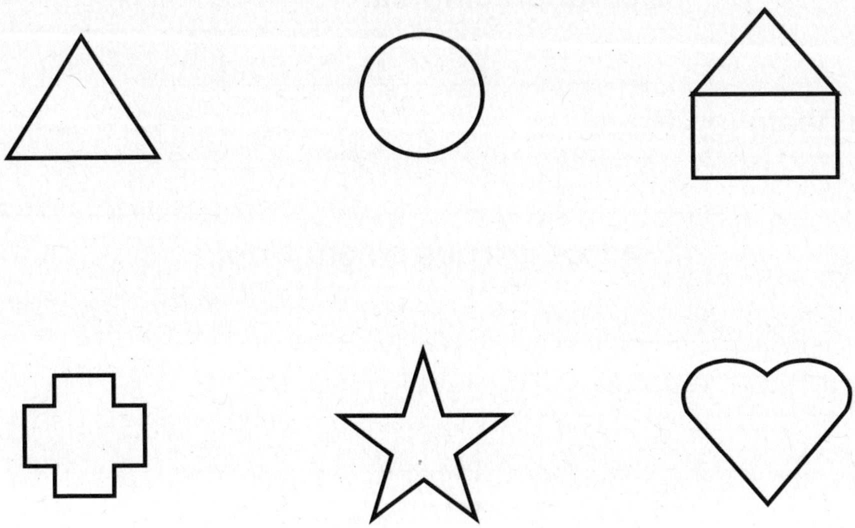

Der Stern ist gelb.

Das Kreuz hat Punkte.

Das Dreieck ist grün.

Der Kreis ist blau.

Das Herz ist rot.

Das Haus ist gestreift.

Der Stern ist gelb. Er hat rote Punkte.

Das große Dreieck ist blau. Es hat schwarze Streifen.

Das kleine Dreieck ist rot. In der Mitte ist ein grünes Herz.

Der kleine Kreis ist grün. In der Mitte ist ein Gesicht.

Die Steine sind grau.

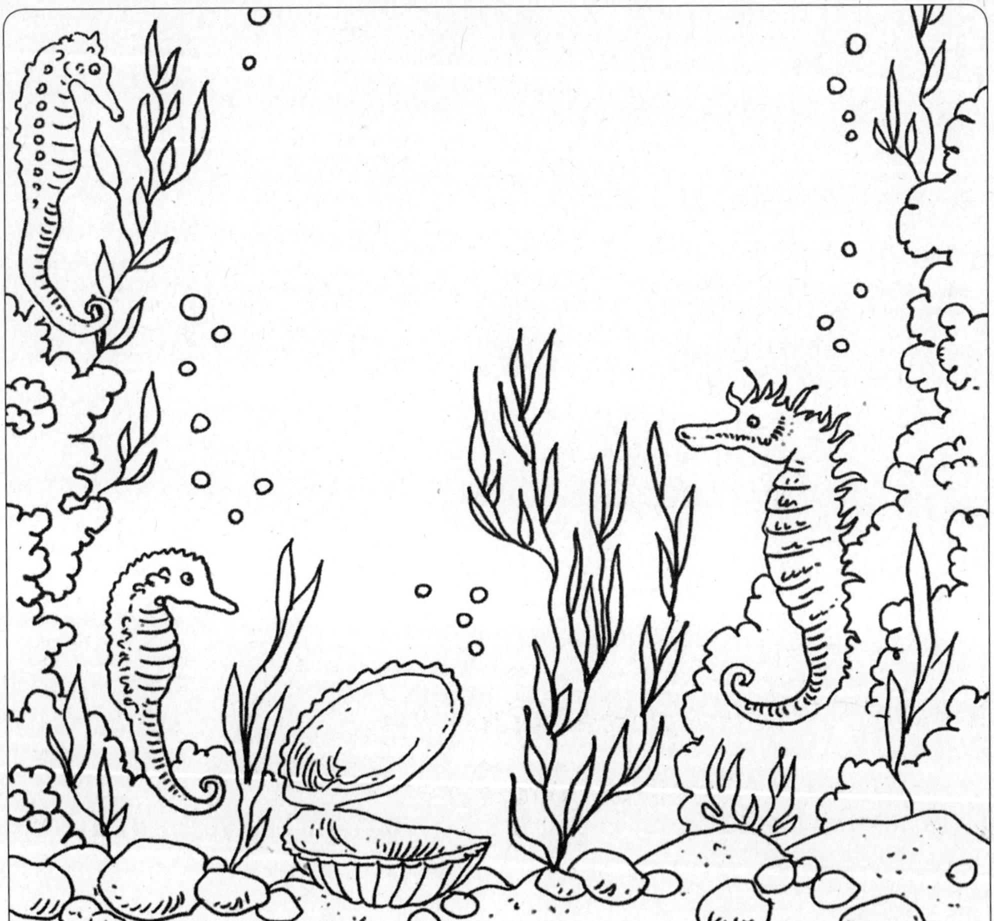

Die drei Seepferdchen sind rot.

Die Muschel ist gelb.

Die Steine sind grau.

Die Pflanzen sind grün.

Drei Fische schwimmen im Meer.

Das Wasser ist blau.

Der Drache hat schwarze Punkte.

Seine Beine sind gelb-grün gestreift.

Sein Körper ist grün.

Die Flügel sind gelb.

Er hat blaue Zacken auf dem Kopf, am Rücken und am Schwanz.

Er spuckt rotes und gelbes Feuer.

Über ihm scheint die gelbe Sonne.

Auf dem Ast sitzen zwei Vögel.

ja | nein

Das Kind hat eine Banane. ja | nein

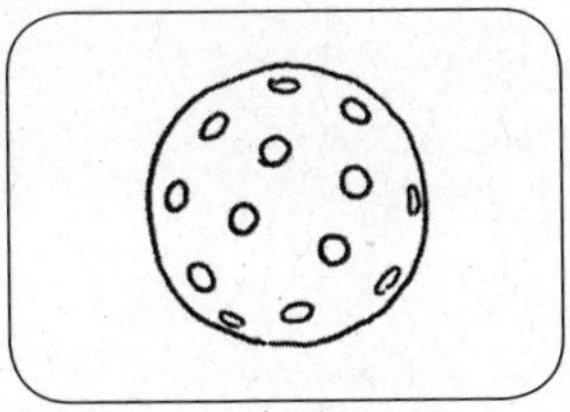

Der Ball hat Punkte. ja | nein

Der Baum hat Blätter. ja | nein

Der Stuhl hat fünf Beine. ja | nein

Das Buch ist aufgeschlagen. ja | nein

Der Bär steht neben dem Tisch.	ja	nein
Der Bär steht auf dem Stuhl.	ja	nein
Der Bär steht auf dem Tisch.	ja	nein
Die Katze ist unter dem Tisch.	ja	nein
Der Stuhl ist auf dem Tisch.	ja	nein
Der Tisch steht neben dem Stuhl.	ja	nein
Der Tisch steht über der Katze.	ja	nein
Der Bär steht neben der Katze.	ja	nein
Der Bär steht unter dem Tisch.	ja	nein

Die Ziege meckert. **ja** (eingekreist) nein

Der Vogel fliegt.	ja	nein
Der Fisch klettert.	ja	nein
Der Schmetterling schwimmt.	ja	nein
Die Biene springt.	ja	nein
Der Hase hoppelt.	ja	nein
Der Frosch quakt.	ja	nein
Das Pferd bellt.	ja	nein
Der Käfer wiehert.	ja	nein
Die Katze miaut.	ja	nein

Ein Auto hat zwei Räder.	ja	nein
Hühner haben zwei Beine.	ja	nein
Kirschen sind Früchte.	ja	nein
Katzen können nachts gut sehen.	ja	nein
Der Maulwurf lebt auf Bäumen.	ja	nein
Zitronen schmecken süß.	ja	nein
Das Fahrrad ist aus Wolle.	ja	nein
Silke ist ein Mädchenname.	ja	nein
Die Zange ist ein Werkzeug.	ja	nein
Der Tiger ist ein Zootier.	ja	nein
Brot ist ein Getränk.	ja	nein

Augentraining und Gehirngymnastik

Male in 3 Farben an.

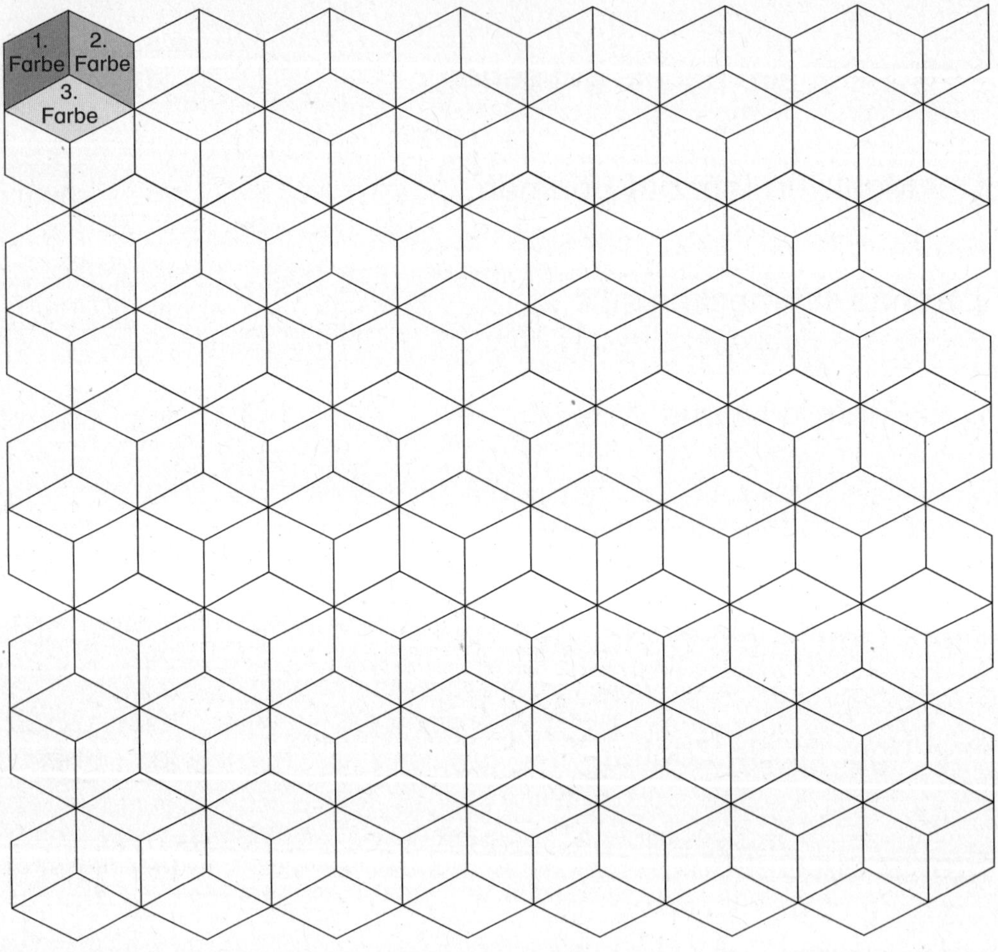

Augentraining und Gehirngymnastik

Jeder
Gegenstand ist zweimal da, oder?
Male die Paare in gleicher
Farbe an.

- [x] Pfanne
- [ ] Pflaume
- [ ] Pferd

- [ ] Pfütze
- [ ] Stütze
- [ ] Mütze

- [ ] Maulwurf
- [ ] Mauseloch
- [ ] Mauseschwanz

- [ ] Eiszeit
- [ ] Eisbecher
- [ ] Eisdiele

- [ ] Eulenschnabel
- [ ] Eulenfeder
- [ ] Eulennest

- [ ] Ziegenmilch
- [ ] Ziegenkäse
- [ ] Ziegenbart

- ☐ ein blaues Blatt
- ☐ ein gezacktes Blatt
- ☐ ein rundes Blatt

- ☐ eine singende Kerze
- ☐ eine saure Kerze
- ☐ eine brennende Kerze

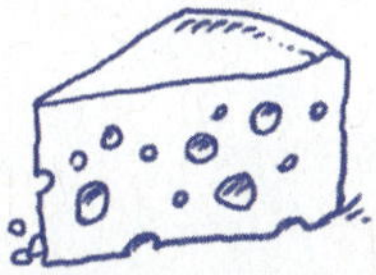

- ☐ ein leckerer Käse
- ☐ ein lachender Käse
- ☐ ein weinender Käse

- ☐ ein weiches Fahrrad
- ☐ ein weites Fahrrad
- ☐ ein tolles Fahrrad

- ☐ ein schöner Schmetterling
- ☐ ein kalter Schmetterling
- ☐ ein sprechender Schmetterling

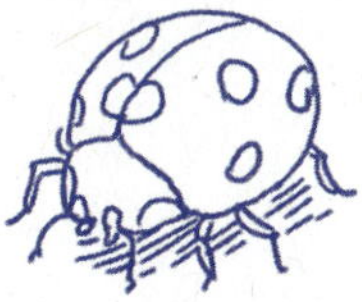

- ☐ ein lesender Käfer
- ☐ ein gepunkteter Käfer
- ☐ ein brüllender Käfer

Super, du hast den Test geschafft! Schätze deine Leistung ein (K). Dann soll dein Lehrer dich einschätzen (L).

Was passt zusammen? Verbinde.

Limonade ○	○ sind Bäume.
Tannen ○	○ ist ein Getränk.

Rotkäppchen ○	○ ist ein Beruf.
Bäcker ○	○ ist ein Gemüse.
Spinat ○	○ ist ein Märchen.
Lara ○	○ ist eine Sportart.
Fußball ○	○ ist ein Mädchenname.
Schach ○	○ ist ein Jungenname.
Kevin ○	○ sind Comicfiguren.
Asterix und Obelix ○	○ ist ein Brettspiel.

Die Zitrone ○	○ ist eine Blume.
Die Rose ○	○ ist eine Obstsorte.
Die Erde ○	○ ist ein Fahrzeug.
Der Pinguin ○	○ ist ein Planet.
Das Auto ○	○ ist ein Körperteil.
Der Schrank ○	○ ist ein Gewürz.
Der Arm ○	○ ist ein Zootier.
Der Pfeffer ○	○ ist ein Haustier.
Das Kaninchen ○	○ ist ein Möbelstück.

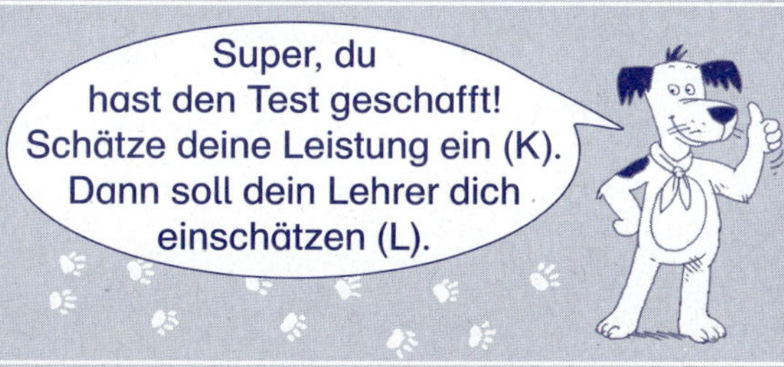

K:	L:
🙂	🙂
😐	😐
🙁	🙁

Die Punkte sind schwarz.

1. Die Punkte sind schwarz.
2. Das Feld mit den Punkten ist rot.
3. Das gestreifte Feld ist gelb.
4. Das Feld daneben ist grün.
5. Das Feld in der Mitte ist blau.
6. In dem freien Feld ist ein Herz.
7. Der Schirmstock ist braun.
8. Male viele Regentropfen.

Zucker ist sauer. ja **nein**

Der Ball ist rund. ja nein

Das Gras ist grün. ja nein

Der Riese ist klein. ja nein

Das Wasser ist trocken. ja nein

Die Zitrone ist gelb. ja nein

Das Kissen ist weich. ja nein

Der Baum ist müde. ja nein

Der Schnee ist lila. ja nein

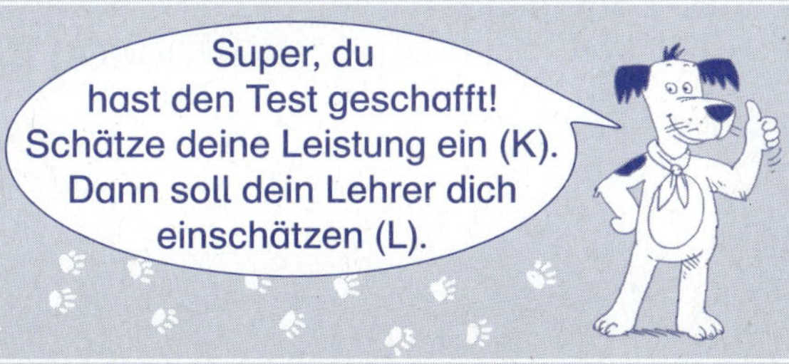

Das habe ich geschafft!